DISCOURS

Prononcés, le 23 février 1888, à Montpellier

AUX OBSÈQUES

DU

GÉNÉRAL PERRIER

MEMBRE DE L'INSTITUT ET DU BUREAU DES LONGITUDES,

DIRECTEUR DU SERVICE GÉOGRAPHIQUE DE L'ARMÉE.

PARIS

IMPRIMERIE DU SERVICE GÉOGRAPHIQUE

—

M DCCC LXXXVIII

Les officiers du Service géographique de l'armée se font un pieux devoir de publier, comme un hommage rendu à la mémoire de leur regretté Directeur, les discours prononcés aux obsèques du Général PERRIER, ainsi que l'allocution de M. JANSSEN à l'Académie des sciences.

DISCOURS

DE

M. LE GÉNÉRAL BARON BERGE

Commandant le 16ᵉ Corps d'armée,

Représentant le **Ministre de la Guerre.**

MESSIEURS,

C'est avec le sentiment d'une profonde douleur que je viens, au nom du Ministre de la Guerre et de l'armée entière, dire un dernier adieu et rendre un dernier hommage à l'homme éminent qu'un coup fatal nous a enlevé.

Les regrets unanimes de l'armée ne s'adressent pas seulement à l'officier général qui a figuré avec honneur sur ses champs de bataille, ils s'adressent au savant que toutes les académies du monde honoraient et qui, dans les régions les plus élevées de la science, s'était fait une place unique.

Sa compétence incontestée l'avait fait désigner par l'opinion publique pour la restauration d'un de nos grands services militaires.

Dès qu'il l'eut entreprise, les difficultés s'aplanirent. Le prestige de ses succès, l'éclat de sa renommée, son tact parfait écartaient les refus. On lui rendit les crédits longtemps refusés aux services topographiques. Sous son impulsion, le département de la guerre se trouva doté d'un outillage dont la perfection n'est dépassée nulle part. De vastes magasins furent remplis de collections sorties de ses presses, soigneusement cataloguées; et, en les montrant, il pouvait dire avec un légitime orgueil qu'il était prêt à guider l'armée française chez elle et partout ailleurs. Au fronton de ce sanctuaire du savoir et de la patience, il aurait pu inscrire la fière devise : *Quo fas et gloria ducunt.*

Et cependant, en parcourant avec lui ses galeries, on était charmé de sa simplicité, de sa bonne grâce, et on comprenait aisément comment le nombre de ses admirateurs était en même temps celui de ses amis.

Nombreux sont ceux qui m'écoutent, enfants comme lui de cette région qu'il aimait et dont il défendait avec ardeur les intérêts; nombreux sont ceux qui le pleureront partout où règne la science; et, au premier rang de ses amis désolés se placent ces officiers distingués, affectionnés et dévoués, qui formaient autour de lui une famille.

Je cède à une voix plus autorisée que la mienne le soin de vous dire quels sont les monuments scientifiques qui, survivant à notre époque, resteront liés au nom de PERRIER.

Ils formeront le précieux héritage de ce fils unique qu'il adorait, et qui, lorsqu'il entrera dans l'armée, trouvera chez tous ses membres la même bienveillance affectueuse que ses jeunes prédécesseurs étaient assurés de rencontrer, lorsqu'ils étaient accueillis par son illustre père.

DISCOURS

DE

M. LE GÉNÉRAL BORSON

Commandant la 31ᵉ division.

MESSIEURS,

La mort si soudaine du Général PERRIER nous a tous douloureusement surpris et émus. Le Général Commandant le 16ᵉ corps, avec l'autorité qui lui appartient, vient de nous dire quelle perte l'armée a faite. Celle de la science n'est pas moindre, et il convient de la rappeler dans ce suprême hommage à celui qui n'est plus.

Cette mission revenait, de droit, aux officiers du Service Géographique accourus ici pour rendre les derniers devoirs à celui qui fut leur chef et leur maître, et dont ils ont été les collaborateurs dévoués. Ils ont voulu me faire partager avec eux ce triste honneur. Sorti, comme le Général PERRIER, des rangs de l'ancien corps d'État-Major, j'ai été jadis son chef; je ne l'ai jamais perdu de vue dans sa carrière, je suis resté jusqu'au bout son ami. C'est à ce titre que je me crois autorisé à mêler à mes regrets personnels quelques-uns des souvenirs de sa vie scientifique, si prématurément brisée.

Un grand nombre d'entre vous, Messieurs, ont connu PERRIER, Colonel ou Général de brigade, Membre de l'Institut, Président d'un Conseil général, devenu par son mérite et ses services un des hommes qui illustraient leur pays. Plus rares sont ceux qui ont été témoins des débuts de sa carrière. C'est cependant la phase de la vie où se dessinent le caractère, les aptitudes, la volonté, tout ce qui fera un jour l'homme.

En remontant à plus de vingt-cinq ans en arrière, je me rappelle le Capitaine PERRIER et nos premières relations. Il était alors attaché à la Section géodésique du Dépôt de la Guerre. Il prit part en 1861 et 1862, sous la direction du Colonel LEVRET, l'un des derniers survivants de l'illustre corps des ingénieurs géographes, à la mesure des triangles jetés sur le Pas-de-Calais, pour opérer la jonction des réseaux trigonométriques de France et d'Angleterre. Dans cette entreprise, deux commissions étaient en présence, composées : l'une d'ingénieurs anglais, l'autre d'officiers français. PERRIER soutint la lutte avec la science du polytechnicien servie par la vigueur d'exécution et la précision qui le distinguaient ; mais l'outillage scientifique des officiers français était imparfait et suranné. « La comparaison fut écrasante, écrit PERRIER, j'en fus si profondément frappé que je résolus, dès lors, de consacrer ma vie à la régénération du Service géodésique de l'armée, si tristement tombé en défaillance ».

Ce n'est pas ici le lieu, Messieurs, de dire les raisons de cet état de choses, qui tenait aux circonstances bien plus qu'aux hommes. Le corps des ingénieurs géographes avait été dissous et versé dans le corps d'État-Major, dont les préoccupations s'étaient tournées presque exclusivement vers son métier militaire. La tâche assumée, à l'origine, par le Dépôt de la Guerre semblait d'ailleurs accomplie. La géodésie de la carte de France était terminée ; celle de la Corse avait été exécutée en 1863 par PERRIER, qui la rattacha au continent ; quant à celle qui restait à entreprendre en Algérie pour y asseoir les levés topographiques, on ne voulait y voir qu'une œuvre d'exécution pratique.

C'est dans ces conditions si peu favorables que PERRIER prit l'initiative de tout un programme de travaux d'une haute portée. Ce programme comprenait :

En Algérie, la triangulation géodésique, y compris la mesure de deux bases de près de 10 kilomètres de longueur, l'une à l'ouest vers la frontière du Maroc, l'autre à l'est vers celle de la Tunisie, destinées, avec celle d'Alger, à appuyer la chaîne primordiale du parallèle algérien. — Des opérations astronomiques dans huit stations principales pour servir à une étude plus approfondie de la figure et des dimensions du globe terrestre ;

En France, la revision des grandes opérations faites au commencement du siècle pour la détermination des bases du système métrique, afin de mettre ces mesures au courant des progrès de la science.

Il devait enfin réaliser ce vœu d'Arago et de Biot, qui pouvait passer pour un rêve au commencement du siècle : prolonger jusqu'en Afrique et même jusqu'aux confins du Sahara le grand arc de méridien qui, des îles Shetland au nord par l'Écosse, l'Angleterre et la France, descend vers l'Espagne ; franchir à cet effet la Méditerranée avec des triangles de près de 300 kilomètres de côté ; enfin relier cette chaîne à l'arc du parallèle algérien qui s'étend du Maroc à la Tunisie.

L'exécution de ce programme a été, on peut le dire, l'œuvre de la vie de PERRIER, celle à laquelle il consacra vingt-cinq années, au milieu d'autres sollicitudes et d'autres travaux.

Disons-le hautement, Messieurs, comme le plus grand hommage rendu à sa mémoire ; il avait promis de consacrer sa vie à relever la Géodésie française, dans l'acception la plus large du mot ; il a tenu parole.

Cette science, selon lui, est de l'ordre le plus élevé, puisqu'elle touche à la physique du globe. Il ne s'agit plus désormais, pour elle, d'emprunter simplement à l'astronomie les positions géographiques d'une station de départ et de s'en servir pour déterminer celles de tout un réseau ; elle doit multiplier les stations de comparaison. Elle élève, à cet effet, jusque sur des sommets à peine accessibles, des observatoires improvisés ; elle y transporte des instruments de précision pour les observations astronomiques. Elle se sert tour à tour de l'électricité et de la lumière solaire pour projeter, au moyen d'appareils optiques, des faisceaux lumineux à de grandes distances et assurer ainsi les visées de jour et de nuit dans des conditions de précision inconnues de nos devanciers. Après avoir comparé les résultats tirés des mesures célestes avec ceux déduits de la triangulation, elle met en évidence les irrégularités dans la figure de la Terre et apporte de nouveaux éléments à la connaissance exacte des dimensions du globe.

Perrier donnait le nom d'Astronomie géodésique à ces opérations destinées à servir de complément aux travaux de triangulation.

Une association géodésique internationale, composée d'astronomes et d'officiers des différentes nations, s'est constituée pour coordonner leurs réseaux géodésiques, les soumettre aux mêmes exigences de précision, les fusionner dans un plan d'ensemble, et arriver ainsi à des conclusions d'une portée générale pour la physique du globe.

La France pouvait-elle se dispenser de prendre part à ces grandes assises de la science? Si elle entrait dans ce concert européen, qui serait délégué pour y représenter la géodésie et prendre des engagements qui comportaient de longues années de travail et une réorganisation du service, comme personnel et comme instruments d'observation? Qui assumerait la tâche de reconstruire cet édifice de la géodésie française, dont la majestueuse ordonnance ne pouvait plus désormais masquer les parties en ruines? Vous avez, Messieurs, déjà répondu à ces questions : ce fut Perrier.

Son activité se révèle sous toutes les formes : il marche droit au but avec une énergie virile, sans se laisser arrêter par les difficultés des temps, ni déconcerter par des conseils timides. Dès 1861, il avait obtenu *comme une faveur* de rompre avec les anciens errements et d'inaugurer les nouvelles méthodes d'observation et de calcul. Il fait exécuter sous sa direction, pour la mesure des angles, un instrument, chef-d'œuvre de la science et de l'art, et auquel il apporte de nombreux perfectionnements. Sur ses instances, le Bureau des Longitudes intervient, en 1869, auprès du maréchal Niel, Ministre de la guerre, et réussit à obtenir de lui la revision de la grande méridienne de France. Dès 1873, encore simple capitaine, il est appelé à faire partie de ce conseil illustre pour y représenter le Ministre de la guerre. On reconnaît ici ce dévouement à la science, cette passion dans les recherches qui distinguent les hommes dont le génie domine les événements, triomphe des obstacles et appelle sur leur nom la célébrité.

C'est dans les nombreux volumes du *Mémorial du Dépôt de la guerre* que sont consignés les travaux astronomiques et géodésiques de PERRIER. On retrouve dans le texte dont il a accompagné les observations et les calculs, et dans la *Notice sur ses travaux scientifiques*, publiée en 1879, l'indication et la marche du vaste plan dont il poursuivait l'exécution. A chaque étape de son œuvre, il constate, avec une sorte de fierté, les résultats obtenus. Jamais satisfaction plus légitime ! Comme le voyageur arrivé au sommet de la pente qu'il a gravie, il contemple les grands horizons de la science, il aspire l'air vivifiant de ces régions sereines, pour y puiser de nouvelles forces.

Ainsi, après avoir organisé en 1877, sous le patronage du Bureau des Longitudes, un observatoire, annexe de celui de Montsouris, afin d'y former les officiers de la Géodésie aux observations les plus délicates, il ajoute : « La France pourra reprendre le rang qu'elle a longtemps occupé, et auquel elle a droit de prétendre dans les grandes entreprises géodésiques ».

Après avoir terminé la triangulation d'Algérie, et l'avoir rattachée, d'une part à celle de l'Espagne, de l'autre à celle de l'Italie. « Elle servira, dit-il, de fermeture à cette immense ceinture qui entoure la Méditerranée, la franchissant deux fois, pour unir l'Afrique à l'Europe, l'Algérie à la France ».

Après la détermination géodésique et astronomique de l'arc du parallèle algérien de près de 10 degrés d'amplitude, commencé par le capitaine Versigny, il ajoute : « Nous apportons, à titre de contribution à l'étude de la Terre, la mesure d'un arc de parallèle dont la longueur dépasse celle de la méridienne entre Dunkerque et Perpignan. C'est le premier arc de cette espèce qui puisse concourir, avec les grands arcs méridiens d'Europe et d'Asie, à une étude définitive de la terre ».

En rendant compte de la jonction de l'Espagne et de l'Algérie par-dessus la Méditerranée, exécutée de concert avec les Ingénieurs espagnols, il fait remarquer que ce sont là les plus grands triangles mesurés jusqu'ici. Ils ont, en effet, des côtés dont les longueurs dépassent 257 et 270 kilom., et le rapprochement des triangulations espagnole et algérienne, sur un côté commun de plus de 105 kilom. de longueur, accuse un écart de moins de 8 décimètres.

Ce seul résultat permet d'apprécier la perfection des procédés et l'habileté des opérateurs.

La guerre de 1870, où PERRIER fit noblement son devoir de soldat, avait interrompu la nouvelle mesure de la grande Méridienne de France. Dès 1871, il se remet au travail; c'était là son œuvre de prédilection : «Elle évoque, dit-il, de glorieux souvenirs, et l'on comprendra que nous ayons été séduit par la pensée de reprendre l'œuvre des Picard, des Cassini, des Delambre et des Méchain, avec les moyens perfectionnés d'observation et de calcul que la science possède aujourd'hui ».

Après neuf années consécutives d'observations, il atteint la base de Melun, c'est-à-dire les deux tiers du travail dont l'année 1889 devait voir la fin. « L'œuvre immortelle de nos maîtres, dit-il, est mise en harmonie avec les besoins de la science ».

Bien que cette énumération des travaux de PERRIER soit très incomplète, je ne puis passer sous silence la mission qu'il accomplit en 1882, où il se rendit dans l'Amérique du Nord, avec ses deux fidèles collaborateurs, le commandant Bassot et le capitaine Defforges, pour y étudier un phénomène céleste qui tenait en suspens le monde savant. Il en revint, souffrant des premières atteintes du mal qui devait altérer sa santé et abréger sa vie. Je mentionnerai aussi la part prépondérante qui lui revient dans la création d'un établissement d'un grand intérêt pour la région du Midi, pour celle du littoral, et pour Montpellier en particulier. Je veux parler de l'Observatoire météorologique de l'Aigoual. Cette entreprise était chère à son cœur; elle le rattachait à ces montagnes des Cévennes où il était né, et aux souvenirs de son enfance.

Si je ne me trompe, Messieurs, ces citations et ces faits font connaître PERRIER, restaurateur de la Géodésie française, avec ses larges vues d'ensemble, son énergie et sa persévérance; mais ce n'étaient pas là les seuls dons de cette nature, riche comme le sol qui l'a vu naître. Sa science n'était pas celle dont l'austérité touche à la sécheresse, isole l'homme de la société et le rend peu propre au maniement des grandes affaires.

Appelé par les suffrages de ses concitoyens à la Présidence du Conseil général du Gard, il montrait dans la discussion des questions d'intérêt public un tact et une intelligence rares, qui semblaient marquer sa place dans les grandes assemblées du pays.

Doué d'une parole claire et facile, pleine de charme et je dirai d'*humour*, il savait captiver son auditoire, tout en traitant les matières les plus arides. Pendant les cinq années où il professa à l'École supérieure de Guerre, il avait ajouté à sa réputation de savant celle d'un maître dans l'art de la parole. Son caractère ouvert, dont la cordialité n'excluait pas la finesse, attirait la sympathie ; sa bonne humeur était faite de simplicité et de grâce méridionale. Homme du monde, bon camarade, il alliait la bienveillance naturelle à l'autorité de l'intelligence, du caractère et de l'exemple, sans laquelle son action fût restée inféconde. Ses aptitudes spéciales l'avaient poussé dans la voie scientifique, et il faut s'en féliciter pour la gloire de la France et pour les grandes œuvres auxquelles il a attaché son nom. S'il eût porté son activité vers les questions militaires, j'ai la conviction que son sens droit, son intelligence claire et rapide, sa connaissance des hommes lui auraient acquis une brillante réputation dans l'art de la guerre. Tel il a été jugé d'ailleurs par les officiers généraux qui l'ont vu de près en 1870 et 1871 sur les champs de bataille de Metz et de Paris. L'homme de courage et d'énergie se retrouve dans ces quelques lignes relatives à la triangulation d'Algérie :

« Six années, dit-il, passées sous la tente dans des régions malsaines ou peu accessibles ont été consacrées à ce travail. L'insurrection des Arabes en 1864, le typhus et le choléra en 1866, la famine en 1867 et 1868, ont fait courir (à la Mission) les plus grands dangers. Deux de nos camarades sont morts, l'un de la fièvre, l'autre d'une insolation».

Placé depuis quelques années à la tête du Service Géographique de l'Armée, PERRIER, dont la santé s'était altérée, dut partager son activité et son temps entre la science et les devoirs attachés à la direction de cette institution de premier ordre. Il avait été élu membre de l'Académie des Sciences en janvier 1880; né le 18 avril 1833, il n'avait pas alors 47 ans. Nommé Général de brigade au mois de janvier 1887, ce grade lui avait enfin donné une situation en rapport avec ses services et avec le rôle qu'il remplissait, comme délégué français, dans les congrès scientifiques de l'étranger.

Sa promotion fut accompagnée de circonstances qui figureront parmi ses titres de gloire, et que je ne puis rappeler ici sans émotion. Une députation de l'Institut se rendit, en corps, auprès du Ministre de la Guerre, pour le prier de donner à la Science française une satisfaction si impatiemment attendue. Dans la haute Commission des Commandants de Corps d'Armée, l'un d'eux, qu'une juste réserve ne me permet pas de nommer ici, prit la parole, et, dans le langage élevé que vous connaissez, avec l'autorité de la science et des grands services, rallia tous les suffrages. Le Colonel PERRIER fut porté, à l'unanimité des voix, sur la liste de présentation au Ministre.

Et maintenant, Messieurs, notre affliction redouble, notre cœur se serre à la pensée que celui qui avait si bien mérité de la science et de l'armée n'est plus, et que nous allons confier à la terre sa froide dépouille. La mort inexorable est venue l'enlever brusquement à sa renommée, à sa haute position, à son fils unique, aujourd'hui deux fois orphelin.

Ne nous demandons pas pourquoi a été tranchée si tôt cette vie si bien remplie, et qui promettait encore une riche moisson. Ne laissons pas la plainte monter à nos lèvres. Chrétien, ma foi s'incline devant les décrets de Dieu, et je dépose ici tristement, sur le cercueil de celui qui fut mon camarade et mon ami, en lui adressant mon dernier adieu, le tribut de mon souvenir et de mes regrets.

DISCOURS

DE

M. LE COMMANDANT BASSOT

Chef de la Section de Géodésie,

Représentant le **Service Géographique.**

Messieurs,

Adjoint dès 1870 au Général Perrier, associé depuis dix-huit ans à tous ses travaux, confident de sa pensée intime, je dois à ce long commerce, à l'affection réciproque, née et développée entre nous dans de longues et lointaines campagnes, le douloureux honneur de représenter ici le Service Géographique et de dire en son nom le dernier adieu à son chef bien aimé.

Vous avez entendu juger le soldat, apprécier le savant; je veux vous parler de l'homme, vous dire comment il savait commander par l'exemple, quelle vive et respectueuse affection il inspirait à tous ceux qui servaient sous ses ordres.

La situation hors de pair, la haute influence qu'avait acquises notre regretté général, il les devait à ses remarquables qualités natives, il ne les avait conquises qu'au prix d'un labeur assidu, par le constant exercice d'une volonté toujours vivante, toujours veillante.

Patient et tenace, il grandissait dans les difficultés, excitant les uns, ranimant les autres avec sa bienveillance et sa bonne humeur inaltérables.

Marchant droit au but qu'il s'était fixé, dès l'origine de sa carrière, il n'a eu, sa vie entière, d'autre souci que le devoir qu'il s'était imposé : relever le Service Géographique, le faire revivre, lui donner son ancien lustre, doter la France d'un établissement qui pût marcher de pair avec les établissements rivaux de l'Europe.

C'était une noble entreprise. Il l'a presque réalisée, mais il est parti avant l'heure, sans avoir pu achever son œuvre : il rêvait de réunir en un seul faisceau tous les services publics touchant à la géographie et d'en faire un grand Institut national.

Jusqu'au dernier jour il a travaillé. La veille encore de sa mort, l'esprit toujours puissant et lucide, il terminait et datait de Montpellier un important travail destiné à assurer le service des cartes aux armées en temps de guerre.

Grand exemple pour ceux qui restent, pour les modestes ouvriers qu'il avait presque tous instruits et que sa mort inattendue a si cruellement frappés. On l'aimait, cet homme énergique et vaillant, on l'aimait parce qu'il était simple et bon. Nous avons vu, il y a quelques semaines à peine, son cœur saigner à la pensée d'être obligé, par suite des nécessités budgétaires, de renvoyer quelques employés de son service. L'impression qu'il en ressentit fut si vive qu'elle n'est peut-être pas étrangère à sa fin.

Le souvenir de ce chef éminent, de cet homme juste et bon restera vivant au cœur de tous. L'affection qu'il avait inspirée n'est pas morte avec lui. Elle se reporte sur ce fils désolé qui fut la passion de sa vie.

Vous le savez déjà, mon cher enfant, mais je tiens à vous le redire publiquement ici, celui que vous pleurez si justement, nous l'aimions un peu comme des fils, et le dernier hommage que nous rendrons à votre père, à notre général, celui qui doit lui paraître le plus doux, sera de vous aimer tous comme si nous étions vos frères aînés.

Au nom du Service Géographique, au nom de tous, officiers et fonctionnaires civils, adieu, mon Général, adieu.

ALLOCUTION DE M. JANSSEN

—

*A l'ouverture de la séance du 20 février, M. JANSSEN,
Président de l'Académie des Sciences, annonce en ces
termes la mort du Général PERRIER :*

MESSIEURS,

« Une lettre que je reçois à l'instant de M. Faye m'annonce une
nouvelle qui surprendra bien douloureusement l'Académie : le
Général PERRIER est mort!

« Je suis encore sous le coup de l'émotion que me cause cette
nouvelle si inattendue et si cruelle pour moi. J'étais, en effet,
particulièrement lié avec notre confrère. J'aimais en lui ce
caractère loyal, énergique, passionné pour la grandeur de son
pays. J'admirais la persévérance de cette volonté qui l'avait
conduit à exécuter une si longue suite de remarquables travaux,
et qui avait fait du petit officier, modeste adjoint du Colonel LEVRET,
le Général Directeur du grand Service Géographique de l'Armée,
le restaurateur de la Géodésie française et son représentant le
plus éminent à l'étranger.

« Je n'aurais pas en ce moment, Messieurs, la présence d'esprit
nécessaire pour analyser ici tous les travaux de notre confrère.
Mais, d'ailleurs, est-ce bien nécessaire? Les plus importants ne
sont-ils pas dans toutes les mémoires? Ne vous rappelez-vous pas
encore l'émotion de satisfaction que le pays tout entier a ressentie,
quand il apprit la réussite complète de cette opération géodésique
grandiose qui unissait l'Espagne à notre Algérie par-dessus la
Méditerranée, et faisait passer par la France un arc de méridien
s'étendant du nord de l'Angleterre jusqu'au Sahara, c'est-à-dire

un arc dépassant en étendue les plus grands arcs mesurés jusqu'alors. Ce beau résultat frappa tous les esprits et rendit le nom de PERRIER populaire. Mais combien ce succès avait été préparé par de longs et consciencieux travaux qui ne lui cèdent point en importance : la triangulation et le nivellement de la Corse et son rattachement au continent; les belles opérations exécutées en Algérie, qui ont demandé quinze années de travail et ont conduit à la mesure d'un arc de parallèle de près de 10° d'étendue, arc qui offre un intérêt tout particulier pour l'étude de la figure de la Terre; et encore cette revision de la méridienne de France, pour laquelle on a su utiliser tous les progrès réalisés depuis le commencement du siècle dans la construction des instruments et dans les méthodes d'observation et de calcul! Et il faut ajouter que le Général PERRIER avait su faire école, qu'il avait formé de savants et dévoués officiers qui furent ses collaborateurs et sur lesquels nous comptons maintenant pour continuer son œuvre.

« Aussi, les mérites du Général PERRIER avaient-ils fixé d'une manière toute particulière l'attention du Département de la guerre et l'avaient-ils déterminé à lui confier un poste qui a, aujourd'hui, une importance considérable : je veux parler de ce grand Service Géographique comprenant : la Géodésie, la Topographie, la Cartographie. Entre les mains de notre confrère, ce service avait été complètement transformé et avait pris les plus grands développements; il rendait d'inappréciables services à l'armée et au pays.

« Il est cruel de penser que ce poste si important va être privé de celui qui en était l'âme, et que notre confrère nous est enlevé en pleine force et au moment où nous nous plaisions à compter sur son énergique patriotisme. Souhaitons que la perte que nous faisons, et qui est si grande pour la Science et l'Académie, ne soit pas irréparable pour l'armée et pour la France.

« Messieurs, je lève la séance en signe de deuil. »

PARIS. — IMPRIMERIE DU SERVICE GÉOGRAPHIQUE DE L'ARMÉE.